やさしいギターアンサンブル 第6集 日本のうた［2］

Easy Pieces for Guitar Ensemble Vol.6
Japanese Songs No.2

日本ギター合奏連盟編
Guitar Ensemble Association of Japan

GG571

(株)現代ギター社
Gendai Guitar Co., Ltd.

はじめに

　『やさしいギターアンサンブル第6集』は"日本のうた〔2〕"です。第1集の"日本のうた〔1〕"が親しまれ好評だったので、その第2弾はどうかということで企画が始まりました。第1集が"日本のうた"のスタンダードナンバーを集めただけに、他に曲はあるだろうか？……との心配はやはり杞憂でした。今回もお馴染みの曲が揃って充分にお楽しみいただけるラインナップになったと思います。

　"日本のうた"は我々が一番ホッとできる音楽ジャンルと言えますが、時代も移り変わり"日本のうた"を巡る状況も以前とは違ってきているような気がするのです。今までは"日本のうた"そのものを幼年時代からたくさん享受して育ってきた世代が懐かしみながら楽しんでいる状況だったのが、これからは逆に様々な音楽が溢れかえる中で"日本のうた"を知らずに育ってきた世代に伝えていかなければならないという状況になってきているのではないでしょうか。そんな意味からもこの"日本のうた"曲集は皆さまのお役に立てると信じています。

　弾いて楽しんで"日本のうた"の価値を再認識し、後世に伝えていくことができたら最高の喜びです。

　最後にこの企画にご協力いただいた多くの方々、出版にご尽力くださいました現代ギター社に感謝の意を表します。

日本ギター合奏連盟
チーフプロデューサー
佐藤弘和

本書の特徴・利用法

1) どの曲もお馴染みの音楽でしょうから、発表会や演奏会はもちろんのこと、スクールコンサートやホームパーティー、施設での慰問演奏にも適した曲集です。

2) 3ページ以上のスコアにはパート譜が付いています。

3) ほとんどの楽譜に運指が書かれているので、多人数編成でも音色を統一できます。

4) 各パートには難易度により以下の★マークが付いています。

　　★　　ローポジションが中心で、単音が多く、初心者でも可。
　　★★　　ハイポジション・和音・セーハが出てきます。
　　★★★　　複雑なリズムや特殊奏法・速いパッセージも出てきます。

5) CDは個人練習のガイドだけでなく、曲全体のイメージや編曲の意図を理解するにも役立ちますので、大いに活用してください。

目次 INDEX

1. 早春賦～どこかで春が（中田 章・草川 信／大橋正子 編曲／三重奏）……………………8
   Ode to Early Spring (Akira Nakada – arr. by Masako Ohashi)

2. 花（瀧 廉太郎／萩野谷英成 編曲／三重奏）……………………18
   Blossoms (Rentaro Taki – arr. by Hidenari Haginoya)

3. 夏空に寄せる3つの歌　夕焼け小焼け～たなばたさま～花火
   （草川 信・下総皖一／中島晴美 編曲／三重奏）……………………28
   Three Songs of Evening Sky in Summer (Shin Kusakawa – arr. by Harumi Nakajima)

4. 秋のメドレー《秋の月夜の情景》　月～虫のこえ～証城寺の狸囃子
   （文部省唱歌・中山晋平／佐藤弘和 編曲／三重奏）……………………38
   Autumn Medley (Japanese Educational Song – arr. by Hirokazu Sato)

5. お正月変奏曲（瀧 廉太郎／斉藤泰士 編曲／四重奏）……………………50
   New Year Song Variations (Rentaro Taki – arr. by Taishi Saito)

6. 冬景色（文部省唱歌／前田 司 編曲／三重奏）……………………64
   Wintry Landscape (Japanese Educational Song – arr. by Tsukasa Maeda)

7. 太郎メドレー　浦島太郎～金太郎～桃太郎
   （文部省唱歌・田村虎蔵・岡野貞一／加藤繁雄 編曲／三重奏）……………………70
   Taro's Medley (Japanese Educational Song – arr. by Shigeo Kato)

8. 鉄道唱歌と汽車の旅　鉄道唱歌～汽車～汽車ポッポ～線路は続くよどこまでも
   （多 梅稚・大和田愛羅・草川 信・本居長世／アメリカ民謡／伊東福雄 編曲／三重奏）……………………82
   Railroad Songs (Umewaka Ono – arr. by Fukuo Ito)

9. 叱られて（弘田龍太郎／佐野正隆 編曲／三重奏）……………………94
   Scolded (Ryutaro Hirota – arr. by Masataka Sano)

10. 椰子の実（大中寅二／久保公二 編曲／三重奏）……………………104
    A Drifted Coconut (Toraji Onaka – arr. by Koji Kubo)

11. 青い目の人形（本居長世／石田 忠 編曲／三重奏）……………………110
    A Blue Eyed Doll (Nagayo Motoori – arr. by Tadashi Ishida)

12. 雨の物語　てるてる坊主～雨ふり～雨降りお月さん～シャボン玉
    （中山晋平／篠原正志 編曲／三重奏）……………………120
    The Tale of The Rain (Shinpei Nakayama – arr. by Masashi Shinohara)

楽曲・奏法解説

〈早春賦～どこかで春が〉Sousyunhu — Dokoka de Haru ga（8頁）

「春は名のみ……」の歌詞で知られる〈早春賦〉は大正2年に作られ「日本の歌百選」にも選ばれている唱歌です。長野県安曇野の美しい雪解け風景に感銘を受けて詩が書かれたとか。また、曲想がモーツァルトの〈春への憧れ〉と似通っている事でも有名です。イントロは待ち遠しい春への期待を込めて、のびのびとたっぷり歌ってください。1stや2ndに出てくる16分音符はメロディーを飾る遊びの音なので、軽い気分で弾きましょう。1stのゆったりした和音進行で転調し、可愛らしいハーモニックスで〈どこかで春が〉が始まります。こちらは大正12年に作られた唱歌で、厳しい冬も峠を越え、あちこちで生まれる春の息吹を喜ぶ歌詞が印象的です。2曲とも歌詞を思い浮かべながら楽しんで演奏してください。（大橋正子）

〈花〉Hana（18頁）

〈花〉は明治の西洋音楽黎明期の偉大な音楽家、瀧 廉太郎の代表的歌曲です。作詞は武島羽衣。当時盛んであった漕艇（レガッタ）の様子や、美しい桜、朧月など、春の隅田川の情景が謳われています。歌詞によって若干メロディーも変わりますので、歌詞もチェックしておくと良いでしょう。原曲の速度記号は *Allegro moderato* ですが、器楽の演奏ではゆっくり目のことが多いと思います。優美な前奏から始まり、歌が始まってからは細かく強弱記号が記されていますので、イメージは掴みやすいでしょう。2ndはハモリや対旋律が多いですが、メロディーとのバランスに気をつけてください。25や45からの短い間奏は華々しく演奏しましょう。複付点音符や32分音符が出てきます。厳密な長さより1stと2ndを合わせる気持ちが大事です。（萩野谷英成）

〈夏空に寄せる3つの歌〉Natsuzora ni Yoseru Mittsu no Uta（28頁）

夏の夜空を見上げたとき心に浮かぶ懐かしい3つのメロディーを、ハーモニックス（一番星）、ラヴバラード（牽牛織姫）、パーカッション（夏祭り）のイメージでまとめました。

◎〈夕焼け小焼け〉ハーモニックスは、余韻を味わいながら最初はかなり遅いテンポで練習してください。◎〈たなばたさま〉メロディー以外のパートは、自分の音だけ聴いても、どんな音楽か分かりにくいですし、メロディーは、ハーモニーの変化を味わって弾かないと、雰囲気が出せないでしょう。順番に演奏を休んで聴き手に回り、全体の響きによく耳を傾けてください。◎〈花火〉テンポは速めの方が面白いのですが、雑だと粋な味わいが失われます。最後は即興演奏です。ガラスのコップによるグリッサンド（花火の打ち上がるイメージ）の他、楽譜にはありませんが、楽器をあちこち叩く、拍手、掛け声……、にぎやかなお祭りの雰囲気が出れば、音もリズムも奏法も、何をやっても良いのです！（中島晴美）

〈秋のメドレー〉《秋の月夜の情景》Aki no Medley（38頁）

《秋の月夜の情景》と題して文部省唱歌の〈月〉〈虫の声〉、そして野口雨情作詞、中山晋平作曲の童謡〈証城寺の狸囃子〉をメドレーにしてみました。ちょうど遠景の月の描写から始まり、手前にズームアップすれば草むらから聴こえてくる賑やかな虫の声、ちょっと向こうを見れば証城寺の境内で狸たちが何やら楽しそうに歌や踊りを踊っている……そんな空想上の情景です。テンポもゆっくりからだんだん速くなるようになっているので盛り上げやすいと思います。幻想的な雰囲気の〈月〉ではハーモニーの響きを大切に、ビブラートを掛け柔らかな音色で。〈虫の声〉では虫の鳴き声をハーモニックスで表現していますが、1回目は1つのパートで、繰り返しの2回目は全部のパートで弾くようにしました。これは1番と2番の歌詞が違っているための工夫です。〈証城寺の狸囃子〉ではビックリするかもしれませんがハ長調（1st）とホ長調（2nd）をカノンで同時進行させています。長3度違いの調なのでハモるところと音がぶつかるところがあって面白い効果が出ますので、狸の浮かれたばか騒ぎを楽しんでください。（佐藤弘和）

〈お正月変奏曲〉Osyogatsu Hensokyoku（50頁）

　第5集に引き続いての変奏曲形式です。瀧 廉太郎〈お正月〉の主題による提示部、3つの変奏を挟み再現部といった構成。変奏のつなぎ目は *atacca* で弾きましょう。提示部「もういくつ寝ると～」の部分は3rdが担当、特に提示部の低音は朗々と歌い上げてください。第1変奏 Alla marcia は1stと3rdが旋律を掛けもち、2ndは半音階で重なったりぶつかったりしています。テンポが速いですが4thは出来るだけ小気味良く弾いてください。27からは各パートともフレーズの始めの音を意識して。第2変奏 Notturno はコラール風な1st & 2ndとカンパネラによる伴奏。星の煌めきを意識した3rdのハーモニクスは常に前に出ている感じで。47からは3拍子と6拍子（2拍子）でリズムの取り方が変わり、唐突に51で断ち切られ、G.P. を挟んで第3変奏に入ります。第3変奏 Blues は1stと2ndにラフさ加減が、3rdや4thの入り方にアジが出ると良いですね。個人的にも楽しく編曲できた部分なので69から54にリピートしても良いかなと思っています。旋律が1オクターヴ上がった再現部、最後の3小節はお正月のもう一つの定番曲が一瞬だけ出て終わります。堂々とした*ff*で締めくくってください！（斉藤泰士）

〈冬景色〉Fuyu - gesiki（64頁）

　〈冬景色〉といえば合唱曲として親しまれている文部省唱歌で「日本の歌百選」に選ばれた名曲です。前奏後の5から8までは日本の美しい雪景色をまとった風景を思い浮かべながら弾くと雰囲気を感じられる演奏になると思います。9から24までの1stは十分に歌わせながら、2ndはメロディーに対してのエコーや接続の音形がありますので1stのメロディーと溶け合うように、3rdはシンプルな伴奏を正確なリズムで刻んでください。25から32の2ndは前半は1stとの掛け合いを、後半は3rdのベースラインを感じながらアルペジョしましょう。33から40までの *pizz.* は、優しく降り落ちる雪のイメージで。41から51までは全体的にボリューム感のあるアンサンブルを奏でて盛り上げてください。（前田 司）

〈太郎メドレー〉Taro Medley（70頁）

　浦島太郎・金太郎・桃太郎の3曲をメドレーにしました。とあるCMで使われたキャラですが、CMが流れる以前に私のプランとアレンジは完成していたのですよ！　飄々とした浦島太郎、天下一の力持ち金太郎、色男風の桃太郎、それぞれの個性を表現しましょう。〈浦島太郎〉は軽いタッチで弾いてください。37からは2ビート感を出してください。〈金太郎〉は力強く弾きましょう。特に2ndはアクセントを付けてずっしりと弾きます。タンボーラは大太鼓をイメージしてください。〈桃太郎〉はスウィングのリズムにのって明るく楽しく弾いてください。2nd 123からのハーモニックスは実音で弾いても結構です。（加藤繁雄）

〈鉄道唱歌と汽車の旅〉Tetsudo Syoka to Kisya no Tabi（82頁）

　1872年（明治5年）日本で初めての鉄道が新橋（汐留）― 横浜間を走りました。当時の人は「岡蒸気」と呼んでいたそうです。その後鉄道網が全国に広がると共に汽車の歌が幾つも生まれました。今回は〈鉄道唱歌〉（明治33年）、〈汽車〉（明治44年）、〈汽車ポッポ〉（昭和2年）を使用し、旅の終わりにアメリカ民謡〈線路は続くよどこまでも〉をコーダに使いました。演奏上の注意としては、途中に踏切の音があるので気をつけて渡ってください。また汽笛の音は高らかに鳴らしてください。旅の様子を移調で表してみました。113あたりから汽車が遠ざかるように表現してください。（伊東福雄）

〈叱られて〉Shikararete（94頁）

　弘田龍太郎は〈叱られて〉のほかに〈靴が鳴る〉〈雀の学校〉〈浜千鳥〉〈春よこい〉等、有名な童謡を数多く作曲しています。〈叱られて〉の作詞は清水かつらですが、詩の内容をよく把握して、その情景を思い浮かべながら表現してください。特にメロディーは情緒たっぷりに歌い、他のパートはメロディーが引き立つように、メロディーに対してどんな役割をしているかを考えて演奏してください。特にインテンポの無表情な演奏にならないように注意してください。（佐野正隆）

〈椰子の実〉Yashi no Mi（104頁）

　〈椰子の実〉の詩は島崎藤村の作で、明治34年に刊行された詩集『落梅集』に収録されたものです。この詩は明治31年の夏、伊良湖岬に滞在した柳田國男が浜に流れ着いた椰子の実の話を島崎藤村に語り、藤村がその話を元に創作したものです。昭和11年、日本放送協会の依頼で大中寅二がこの詩に作曲しました。なるべくシンプルな編曲を試みましたが、和音が動く忙しいところが難しければパート内で分割しても結構です。それぞれのパートにメロディーが廻ってきますが、アポヤンドでよく歌わせてください。ボランティア活動等で演奏する場合はぜひ歌詞をつけてご活用ください。（久保公二）

〈青い目の人形〉Ao i Me no Ningyou（110頁）

　この曲は1921年に野口雨情が作詞し、本居長世が作曲した日本の童謡で、1923年にアメリカで好評を博しました。1927年にはアメリカ合衆国から1万体以上の人形が日本に送られたそうです。[1]～[2]と[65]～[66]はお人形さんがお客様にお辞儀をしている光景を思い浮かべてください。特に3rdの[16]はつなぎのミとミのフレージングとアッチェレランドに注意して下さい。[23]～[25]に掛けて4拍子から3拍子のアレグレットからアンダンテへの変化等、明るく軽快な部分と悲しげにゆっくり歌う部分と交互に出てきます。テンポと曲想の移行が多いのでCDを参考に練習していただけると良いと思います。（石田 忠）

〈雨の物語〉Ame no Monogatari（120頁）

　私と同郷の長野出身の作曲家、中山晋平が作曲した〈雨ふり〉〈雨降りお月さん〉〈シャボン玉〉〈てるてる坊主〉の4曲をメドレーにしてみました。〈雨の物語〉は雨に因んだ中山晋平のメドレーです。「雨音」と書かれた箇所は、右手の爪でギターの側板を軽く叩きます（トレモロの要領で）。叩く速度や強さはバラバラで揃わないほうが、よりリアルに響くでしょう。最近では、蛇の目でおむかえ……といった風情にはお目にかかれませんが、スキップを踏むように（水たまりに気を付けて！）楽しく演奏してください。決して速くならないように。〈シャボン玉〉は雨とは無関係のようですが、雨上がりの空に似合いそうな風景なので入れてみました。この歌は晋平が幼い命（我が子）の儚さを歌ったと言われています。優しい気持ちで演奏してください。（篠原正志）

編曲者紹介

石田 忠

日本ギター音楽学校に学ぶ。第7回ギター音楽大賞新人賞受賞。1992年CD『六つの友情』を発売。2003年南京芸術院大学にてギター講座を受け持つ。中国鎮江市群星芸術学校客員教授、南京市飛音音楽学校名誉校長、神奈川ギター協会前委員長、立正大学ギター部講師、横須賀ギターアンサンブル常任指揮者。

大橋正子

東京出身。國學院大学日本文学科卒。高校、大学とギターアンサンブルに所属。個人では、独奏、指揮法、音楽理論等を学び、卒業後、プロの道へと進む。特に母親の育児体験を活かした子供のための教本を著し、レッスンに力を注ぐ。ファナギタースクール主宰。ファナギターアンサンブル、ファーマーズギターアンサンブル常任指揮者。日本ギター合奏連盟常任理事。(公社)日本ギター連盟正会員。

久保公二

早稲田大学法学部在学中に混声合唱団の学生副指揮者を務める。ギターを渡辺範彦、久坂晴夫、チェロを雨田光弘、指揮法を久山恵子各氏に師事。現在多くの市民ギターサークルの講師を務めている。2001年CD『久保公二ギターリサイタル』リリース。著書に「楽しく学べるギターレッスン1、2」「ギターのためのクラシック名曲アルバム」(全音楽譜出版社)がある。日本ギター合奏連盟理事。

佐藤弘和

弘前大学教育学部音楽科卒業。渡辺範彦、永島志基、各氏に師事。1990年第21回クラシカルギターコンクール第2位。2009-10年全作自作自演による「佐藤弘和ギター作品展」を通算5回開催。出版楽譜は『秋のソナチネ』『季節をめぐる12の歌』など多数。また村治佳織に編曲作品を提供し高評を得る。作曲のモットーは「弾き易くわかり易くメロディックであること」。

篠原正志

第16回東京国際ギターコンクールにて第1位受賞。東京を中心に全国で「フリーバーズ・ギターデュオ」、チェロとのデュオ等、他のジャンルとのアンサンブルで活躍している。韓国、台湾、イギリス、スペインなど海外でもコンサートを行なう。2010年より総合音楽祭「飯綱ムジカフェスタ」を主宰。日本ギター合奏連盟常任理事。(公社)日本ギター連盟正会員。

萩野谷英成

神奈川県出身、早稲田大学卒。ギターを小林 徹氏に師事。P.シュタイドルのマスタークラスや福田進一、加藤政幸各氏のレッスンを受講。2009年第21回日本ギター重奏コンクールで優勝、HARUMI賞を受賞する他、各種コンクール・オーディションで優勝・首席受賞多数。独奏・重奏、他楽器とのアンサンブルで広範に演奏活動を行なう。日本ギター合奏連盟常任理事。

伊東福雄

1947年東京生まれ。中央大学文学部卒業。ギターを10歳より独学。在学中よりギターアンサンブル及び他の楽器との重奏、並びに編曲を始める。1985年ギターデュオ・フリーバーズを篠原正志と結成。フランス、イギリス、スペイン、イタリア、ウズベキスタンでも公演。さまざまな編成の編曲・作曲も多数。日本ギター合奏連盟常任理事。(公社)日本ギター連盟理事。

加藤繁雄

北海道出身。12歳より入院と同時にギターを独学。病院施設内の中学校でギタークラブを作り、アンサンブルを行なう。第13回全日本ギターコンクール独奏部門首席賞。1996年CD『おいらはキャベツ作りの子』リリース。日本ギター合奏連盟事務局長。アンサンブル"OZ"コンサートマスター。(公社)日本ギター連盟正会員。

斉藤泰士

現在までにギターを原 善伸、富川勝智、藤井眞吾各氏に師事。第19回、21回、23回JGAギター音楽祭に出演。クラシカルギターコンクール、九州ギターコンクール、重奏ギターコンクール、台湾国際ギターコンクールなど国内外コンクールでの受賞歴多数。萩野谷英成、多治川純一、前田 司とのギター四重奏団『クアトロ・パロス』を主宰、重奏での活動にも力を入れている。日本ギタリスト協会会員、日本ギター合奏連盟常任理事、神奈川ギター協会委員。

佐野正隆

佐野ギターサロンメヌエット主宰。ギタリストとしてだけではなく作曲、編曲、指揮の分野においても活躍。著書は「楽しく学べるギターテキスト」「ソロ&デュオギター名曲集」「ポピュラーギターアンサンブル4」「佐野正隆作曲作品集:火神鳴」他。編曲は400曲以上。CDは『サウダージ』『ソロ&デュオギター名曲集』他。日本ギター合奏連盟理事。

中島晴美

ギターを中川信隆、江間常夫、和声学を中村洋子各氏に師事。81〜85年ニューヨーク・ウエストチェスター音楽院で学ぶ。日本ギター重奏コンクール第2位。東京ギターアンサンブル音楽監督。大阪府知事賞受賞。「HARUMI賞」設定。(公社)日本ギター連盟正会員、日本ギター合奏連盟常任理事。目黒自宅教室および読売カルチャー講師。http://www.asa-inter.com/

前田 司

東京都出身。第24回スペインギター音楽コンクール、第18回日本ギター重奏コンクール、第27回GLC学生ギターコンクール大学生の部で優勝。前田 司ギター教室主宰、リバースアカデミー師友塾東京校ギター講師。芸術集団2008所属アーティスト。日本ギター合奏連盟常任理事。

〈どこかで春が〉

早春賦～どこかで春が
Ode to Ealy Spring

中田 章
草川 信
大橋正子 編曲

早春賦～どこかで春が
Ode to Ealy Spring

中田 章
草川 信
大橋正子 編曲

早春賦〜どこかで春が
Ode to Ealy Spring

中田 章
草川 信
大橋正子 編曲

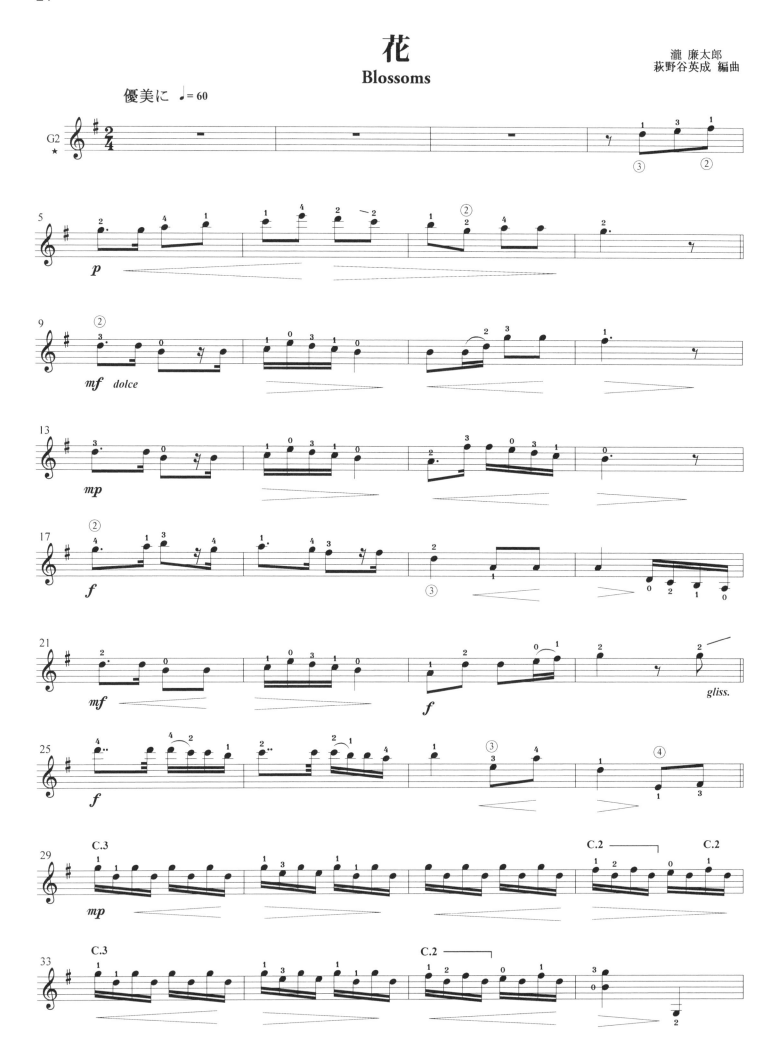

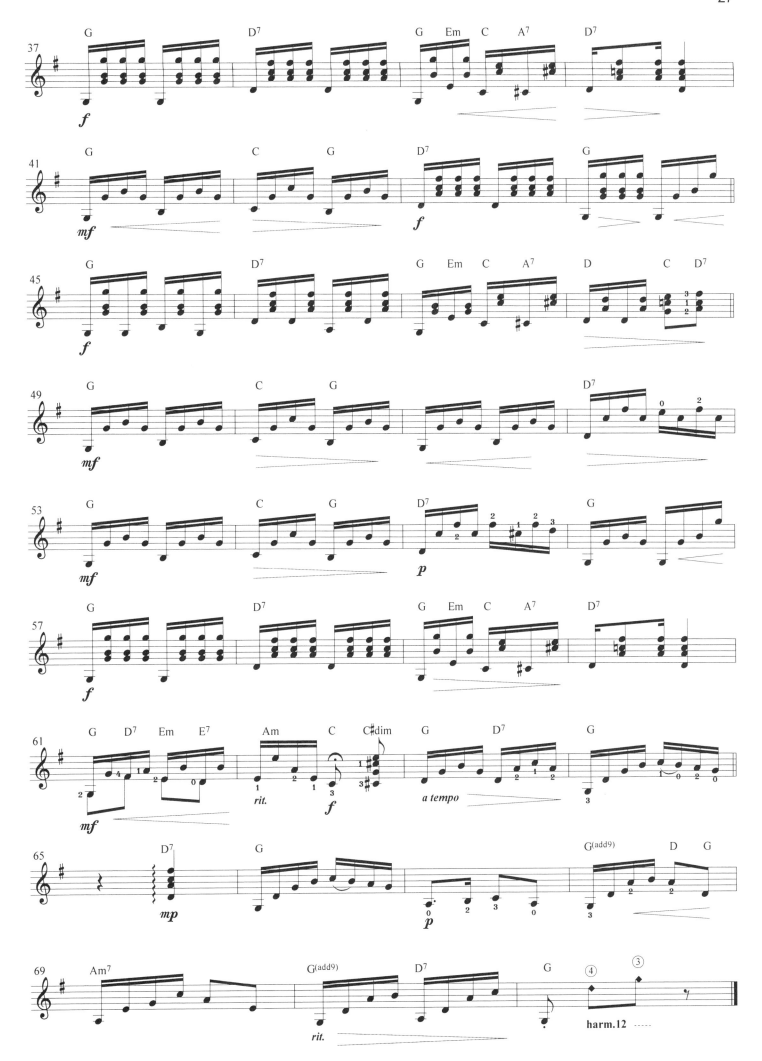

夏空に寄せる３つの歌
夕焼け小焼け～たなばたさま～花火
Three Songs of Evening Sky in Summer

草川　信
下総皖一
中島晴美　編曲

夏空に寄せる３つの歌
夕焼け小焼け〜たなばたさま〜花火
Three Songs of Evening Sky in Summer

草川　信
下総皖一
中島晴美　編曲

秋のメドレー《秋の月夜の情景》
月〜虫のこえ〜証城寺の狸囃子
Autumn Medley

文部省唱歌
中山晋平
佐藤弘和 編曲

秋のメドレー《秋の月夜の情景》
月〜虫のこえ〜証城寺の狸囃子
Autumn Medley

文部省唱歌
中山晋平
佐藤弘和 編曲

秋のメドレー《秋の月夜の情景》
月～虫のこえ～証城寺の狸囃子
Autumn Medley

文部省唱歌
中山晋平
佐藤弘和 編曲

秋のメドレー《秋の月夜の情景》
月〜虫のこえ〜証城寺の狸囃子
Autumn Medley

文部省唱歌
中山晋平
佐藤弘和 編曲

お正月変奏曲
New Year Song Variations

瀧 廉太郎
斉藤泰士 編曲

お正月変奏曲
New Year Song Variations

瀧 廉太郎
斉藤泰士 編曲

お正月変奏曲
New Year Song Variations

瀧 廉太郎
斉藤泰士 編曲

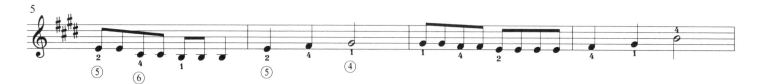

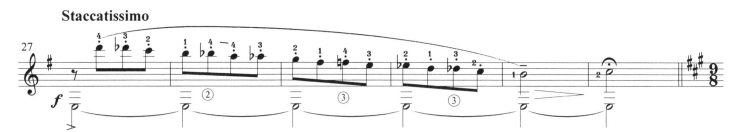
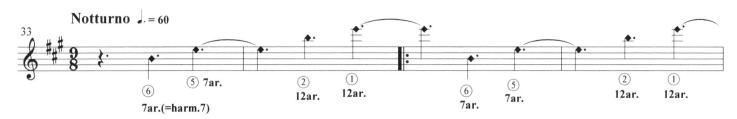
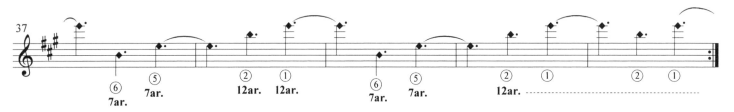

お正月変奏曲
New Year Song Variations

瀧 廉太郎
斉藤泰士 編曲

冬景色
Wintry Landscape

冬景色
Wintry Landscape

冬景色
Wintry Landscape

太郎メドレー
浦島太郎〜金太郎〜桃太郎
Taro's Medley

文部省唱歌
田村虎蔵
岡野貞一
加藤繁雄 編曲

太郎メドレー
浦島太郎〜金太郎〜桃太郎
Taro's Medley

太郎メドレー
浦島太郎〜金太郎〜桃太郎
Taro's Medley

太郎メドレー
浦島太郎〜金太郎〜桃太郎
Taro's Medley

鉄道唱歌と汽車の旅
鉄道唱歌〜汽車〜汽車ポッポ〜線路は続くよどこまでも
Railroad Songs

多 梅稚・大和田愛羅
草川 信・本居長世
アメリカ民謡
伊東福雄 編曲

鉄道唱歌と汽車の旅

鉄道唱歌〜汽車〜汽車ポッポ〜線路は続くよどこまでも

Railroad Songs

多 梅稚・大和田愛羅
草川 信・本居長世
アメリカ民謡
伊東福雄 編曲

鉄道唱歌と汽車の旅

鉄道唱歌〜汽車〜汽車ポッポ〜線路は続くよどこまでも

Railroad Songs

多 梅稚・大和田愛羅
草川 信・本居長世
アメリカ民謡
伊東福雄 編曲

叱られて
Scolded

弘田龍太郎
佐野正隆　編曲

おそく民謡風に　♩= 90

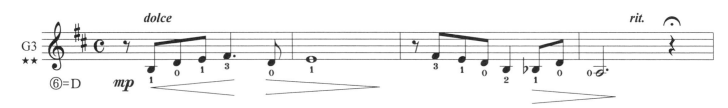
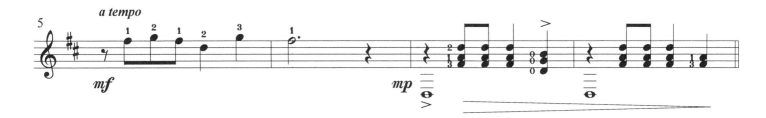

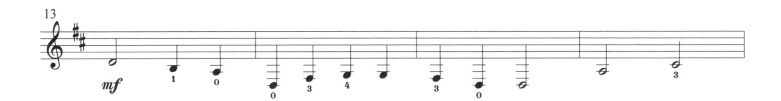

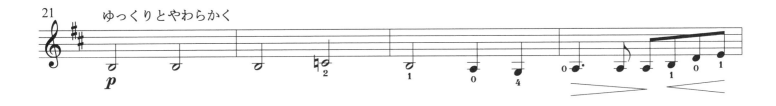
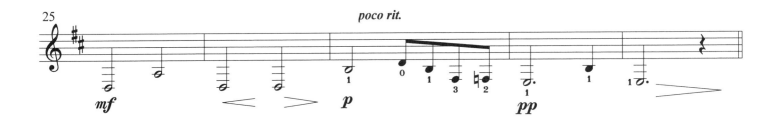

椰子の実
A Drifted Coconut

大中寅二
久保公二 編曲

椰子の実
A Drifted Coconut

青い目の人形
A Blue Eyed Doll

本居長世
石田 忠 編曲

青い目の人形
A Blue Eyed Doll

本居長世
石田 忠 編曲

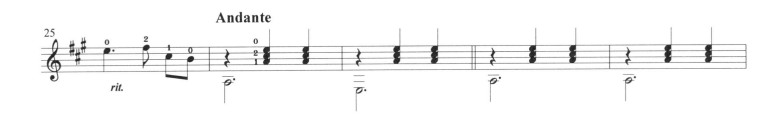

青い目の人形
A Blue Eyed Doll

本居長世
石田 忠 編曲

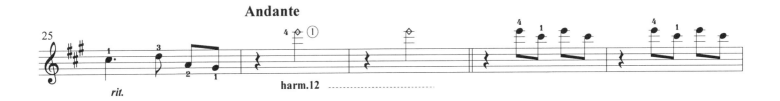

青い目の人形
A Blue Eyed Doll

本居長世
石田 忠 編曲

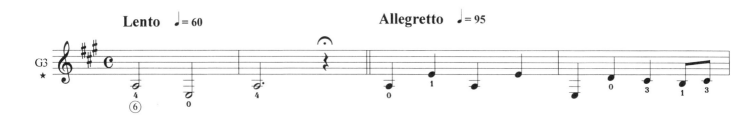

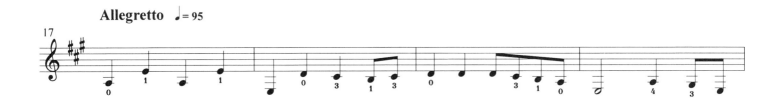

122

雨の物語
てるてる坊主〜雨ふり〜雨降りお月さん〜シャボン玉
The Tale of The Rain

中山晋平
篠原正志　編曲

雨の物語
てるてる坊主〜雨ふり〜雨降りお月さん〜シャボン玉
The Tale of The Rain

中山晋平
篠原正志　編曲

雨の物語
てるてる坊主〜雨ふり〜雨降りお月さん〜シャボン玉
The Tale of The Rain

中山晋平
篠原正志 編曲

日本ギター合奏連盟編「やさしいギターアンサンブル」シリーズ

ご注文は：〒171-0044 東京都豊島区千早1-16-14 （株）現代ギター社GG通販サービス
TEL03-3530-5343 FAX03-3530-5405
http://www.gendaiguitar.com

◎日本ギター合奏連盟の企画による「やさしいギターアンサンブル」シリーズ。初心者同士でも楽しめるアンサンブル曲集です。
◎ほとんどの曲に運指が書かれるなど工夫を凝らしており、初心者の多いグループや多人数編成のグループでも使いやすい曲集です。
◎添付CDには、ギターアンサンブル"OZ"（日本ギター合奏連盟有志）による模範演奏が収録されており、CDと一緒に練習することも可能です。また、CDは曲のガイドとしてのみならず、曲全体のイメージや編曲の意図の理解にも役立ちます。
◎3頁以上のスコアにはパート譜がついています。

やさしいギターアンサンブル第1集：日本のうた〔1〕（CD・パート譜付）
【GG482】菊倍版・88頁　定価（本体2,800円＋税）　模範演奏CD・パート譜付

シリーズ第1弾は、大人にとっては懐かしく、子供たちにもぜひ伝承したい"日本のうた"。日本の童謡・唱歌の中から厳選された17曲を収録。実績と経験豊富な7人のアレンジャーが、自分の得意とするスタイルで書き上げたバラエティに富む内容となっている。

【収録曲】（作曲者／編曲者）
[三重奏] 日本のやさしい四季～どじょっこふなっこ、春の小川、うみ、村祭り、たき火～（文部省唱歌／伊東福雄）、春が来た～ロンド風～（岡野貞一／伊東福雄）、朧月夜（岡野貞一／大橋正子）、荒城の月（瀧廉太郎／久保公二）、この道（山田耕筰／佐野正隆）、浜辺の歌（成田為三／加藤繁雄）、赤とんぼ（山田耕筰／加藤繁雄）、赤い靴（本居長世／佐野正隆）、里の秋（海沼実／久保公二）、どんぐりころころ変奏曲（梁田貞／加藤繁雄）、故郷（岡野貞一／大橋正子）、月の沙漠（佐々木すぐる／中島晴美）、七つの子（本居長世／中島晴美）、竹田の子守歌（京都地方民謡／篠原正志）、[四重奏] さくら（日本古謡／篠原正志）、紅葉（岡野貞一／伊東福雄）、雪の降る街を（中田喜直／佐野正隆）

CD演奏：アンサンブル"OZ"（加藤繁雄・伊東福雄・中島晴美・原静雄・久保公二・大橋正子）

やさしいギターアンサンブル第2集：世界のうた〔1〕（CD・パート譜付）
【GG498】菊倍版・112頁　定価（本体2,800円＋税）　模範演奏CD・パート譜付

シリーズ第2弾は"世界のうた"。世界の民謡・名曲から15曲を厳選して収録。新たに2名を加えた9名のアレンジャーがよりフレッシュな感覚と感性を打ち出し、大幅にページ数も増えた自由で創意溢れる曲集。

【収録曲】（作曲者／編曲者）
[三重奏] ハッピーバースデー（ヒル／伊東福雄）、聖者の行進（アメリカ民謡／ダン・コスリー）、夢見る人（フォスター／佐野正隆）、愛のロマンス（スペイン民謡／佐野正隆）、ロンドンデリーの歌（アイルランド民謡／篠原正志）、オーソレミオ（イタリア民謡／伊東福雄）、ヴェニスの謝肉祭変奏曲（イタリア民謡／伊東福雄）、野ばら（ウェルナー／久保公二）、ローレライ（ジルヒャー／久保公二）、気のいいあひる（ボヘミア民謡／大橋正子）、おお牧場はみどり（チェコ民謡／大橋正子）、ストラト～森へ行きましょう（ポーランド民謡／中島晴美）、[四重奏] シェリトリンド（メキシコ民謡／萩野谷英成）、グリーンスリーヴス（イングランド民謡／篠原正志）、ロシア民謡メドレー：カチューシャ～トロイカ～山のロザリア～一週間（ロシア民謡／加藤繁雄）

CD演奏：アンサンブル"OZ"（加藤繁雄・伊東福雄・大橋正子・篠原正志・Dan Cosley・中島晴美・萩野谷英成）

やさしいギターアンサンブル第3集：映画音楽〔1〕（CD・パート譜付）
【GG510】菊倍版・144頁　定価（本体3,000円＋税）　模範演奏CD・パート譜付

シリーズ第3弾は"映画音楽"。名画を彩る数多の名曲の中から国内で大ヒットした作品を厳選して収録。映画の名シーンが浮かび上がるような原曲の流れに沿ったアレンジが施されている。

【収録曲】（作曲者／編曲者）

［三重奏］上を向いて歩こう（中村八大／伊東福雄）、クワイ河マーチ：戦場にかける橋（アーノルド／中島晴美）、子象の行進：ハタリ！（マンシーニ／加藤繁雄）、海の見える街：魔女の宅急便（久石 譲／萩野谷英成）、愛しのクレメンタイン：荒野の決闘（アメリカ民謡／伊東福雄）、スカボロー・フェア：卒業（イギリス民謡／萩野谷英成）、ノクターン Op.9-2：愛情物語（ショパン／佐野正隆）、アニーローリー：哀愁（スコット／大橋正子）、美しき青きドナウ：2001年宇宙の旅（シュトラウス／篠原正志）、ムーン・リヴァー：ティファニーで朝食を（マンシーニ／中島晴美）、［四重奏］80日間世界一周（ヤング／大橋正子）、エデンの東（ローゼンマン／久保公二）、花のワルツ：ファンタジア（チャイコフスキー／篠原正志）

CD演奏：アンサンブル"OZ"（加藤繁雄・伊東福雄・大橋正子・篠原正志・中島晴美・萩野谷英成）

やさしいギターアンサンブル第4集：世界のおどり〔1〕（CD・パート譜付）
【GG538】菊倍版・136頁　定価（本体3,000円＋税）　模範演奏CD・パート譜付

シリーズ第4弾は、リズムに合わせて心も踊る、楽しい世界のダンス・ミュージック!! フォークダンスの定番曲から、映画音楽、タンゴ名曲、クラシック舞曲、懐かしのメロディーまで、誰もが知っている世界のダンス・ミュージックを、やさしいギターアンサンブルにアレンジ。

【収録曲】（作曲者／編曲者）

［三重奏］口笛ポルカ（チロル民謡／伊東福雄）、ガリアルダ（作者不詳／石田 忠）、ゴリウォーグのケークウォーク（ドビュッシー／佐野正隆）、ハンガリー舞曲第5番（ブラームス／萩野谷英成）、：ソーラン節（北海道民謡／大橋正子）、うさぎのダンス（中山晋平／佐藤弘和）、テネシー・ワルツ（P.W.キング／伊東福雄）、ラヴァーズ・コンチェルト（ペツォールト／加藤繁雄）、シャル・ウィ・ダンス？（ロジャース／斉藤泰士）、オクラホマミキサー＆マイムマイム（アメリカ民謡＆アミラン／中島晴美）、黒ネコのタンゴ（パガーノ／中島晴美）、ラ・クンパルシータ（ロドリゲス／佐藤弘和）、リベルタンゴ（ピアソラ／久保公二）、［四重奏］4羽の白鳥の踊り（チャイコフスキー／篠原正志）、アメリカ（バーンスタイン／篠原正志）

CD演奏：アンサンブル"OZ"（加藤繁雄・伊東福雄・大橋正子・斉藤泰士・佐藤弘和・篠原正志・中島晴美・萩野谷英成・石田 忠）

やさしいギターアンサンブル第5集：クラシック音楽〔1〕（CD・パート譜付）
【GG556】菊倍版・116頁　定価（本体2,800円＋税）　模範演奏CD・パート譜付

シリーズ第5弾は、クラシック音楽。バロック音楽から20世紀前半までの広い意味でのヨーロッパ音楽を対象に11作品を選び、やさしく楽しめるようにアレンジ。

【収録曲】（作曲者／編曲者）

［三重奏］フレール・ジャック（フランス民謡／石田 忠）、サラバンド（ヘンデル／萩野谷英成）、2つのカノン（パーセル他／伊東福雄）、"子守歌"組曲（シューベルト、フリース、ブラームス／佐藤弘和）、結婚行進曲変奏曲（メンデルスゾーン／斉藤泰士）、ノクターン（ヘンツェ／大橋正子）、ロシータ～野ばら（タレガ、シューベルト／中島晴美）、ボレロ（ラヴェル／久保公二）、タイスの瞑想曲（マスネー／加藤繁雄）、［四重奏］メヌエット（モーツァルト／佐野正隆）、シチリアーナ（レスピーギ／篠原正志）

CD演奏：アンサンブル"OZ"（加藤繁雄・中島晴美・石田 忠・斉藤泰士・佐藤弘和・萩野谷英成・前田 司）

やさしいギターアンサンブル第6集　日本のうた〔2〕
CD収録曲目一覧

1　早春賦～どこかで春が（中田 章他）Ode to Early Spring ……………………… 3 分 41 秒
2　花（瀧 廉太郎）Blossoms …………………………………………………………… 2 分 31 秒
3　夏空に寄せる3つの歌（草川 信他）Three Songs of Evening Sky in Summer …… 4 分 24 秒
4　秋のメドレー（中山晋平他）Autumn Medley …………………………………… 3 分 59 秒
5　お正月変奏曲（瀧 廉太郎）New Year Song Variations …………………………… 4 分 09 秒
6　冬景色（文部省唱歌）Wintry Landscape ………………………………………… 1 分 57 秒
7　太郎メドレー（岡野貞一他）Taro's Medley ……………………………………… 3 分 28 秒
8　鉄道唱歌と汽車の旅（多 梅稚他）Railroad Songs ……………………………… 3 分 04 秒
9　叱られて（弘田龍太郎）Scolded …………………………………………………… 3 分 34 秒
10　椰子の実（大中寅二）A Drifted Coconut ………………………………………… 2 分 29 秒
11　青い目の人形（本居長世）A Blue Eyed Doll …………………………………… 3 分 02 秒
12　雨の物語（中山晋平）The Tale of The Rain …………………………………… 5 分 22 秒

Total　42 分 12 秒

収録：●大田文化の森ホール（2015 年 3 月）
演奏：●アンサンブル "OZ"
演奏者〔使用ギター〕：

　加藤繁雄〔Simon Marty（8 弦）〕　　　中島晴美〔Ignacio Fleta I〕　　　石田 忠〔Kevin Arem〕
　斉藤泰士〔Antonio Marín Montero〕　　萩野谷英成〔朝倉宏泰〕　　　　　伊東福雄〔堤 謙光〕
　篠原正志〔Arcángel Fernández〕　　　　前田 司〔José Ramírez Centenario〕

演奏〔1.3.8.11.12〕　：篠原・中島・伊東・石田
演奏〔2.4.5.6.7.9.10〕：斉藤・萩野谷・前田・加藤

★日本ギター合奏連盟の会員になるには…

日本ギター合奏連盟はギターアンサンブル愛好者・団体を支援する連盟です。プロ・アマを問わず現在 120 以上の団体・個人会員を有し、さまざまな特典を設けています。

- ◆ アンサンブルの楽譜がほしい！
- ◆ 「現代ギター」で自分たちの活動を取り上げてほしい！
- ◆ 発表の機会がほしい！
- ◆ 指揮を学びたい！
- ◆ 指導者がほしい！
- ◆ 最近のアンサンブル状況・情報が知りたい！

などのご希望がありましたら、下記事務局までお問合せください。会員の特典を網羅した「日本ギター合奏連盟ご案内」小冊子を無料でお送りします。お急ぎの方は、メールに「小冊子希望」と「送付先」をお書きください。

日本ギター合奏連盟事務局
〒 143-0016 東京都大田区大森北 1-35-1 増尾ビル 3 階
シグマギタースクール内　電話・FAX（03）3761-6719
kato@sigumaguitar.com　HP：http://guitar-e.org/

日本ギター合奏連盟編
やさしいギターアンサンブル
第 6 集
日本のうた〔2〕
GG571
定価　[本体 3,000 円＋税]

2015 年 11 月 10 日初版発行
発売元●（株）現代ギター社　〒 171-0044 東京都豊島区千早 1-16-14
電話 03-3530-5343　FAX03-3530-5405
無断転載を禁ず　日本音楽著作権協会（出）許諾番号 1512325-501
印刷●シナノ印刷（株）　版下●山口知子　表紙デザイン●三国 淳
コード番号● ISBN 978-4-87471-571-0 C3373 ¥3000E
©Gendai Guitar Co., Ltd. 1-16-14　Chihaya, Toshima-ku, Tokyo
171-0044, JAPAN
First edition: November 10th. 2015
Printed in Japan

楽譜・CD のコピーは法律で禁止されているだけではなく、今後の出版活動にも支障が出ます。皆様の希望する楽譜を出版するためにも、絶対にお止めください。

日本ギター合奏連盟
（株）現代ギター社
（社）日本音楽著作権協会